AF305842

✝

SOUVENIR

DU

JUBILÉ SACERDOTAL

DE

Monsieur le Chanoine LECOCQ

CURÉ D'ANICHE

LE 8 AOUT 1886

DOUAI

LOUIS DECHRISTÉ PÈRE, IMPRIMEUR BREVETÉ

RUE JEAN-DE-BOLOGNE

— 1887 —

SOUVENIR DU JUBILÉ SACERDOTAL

de

MONSIEUR LE CHANOINE LECOCQ

Curé d'Aniche

$\dagger$

SOUVENIR

DU

JUBILÉ SACERDOTAL

DE

Monsieur le Chanoine LECOCQ

CURÉ D'ANICHE

LE 8 AOUT 1886

DOUAI

LOUIS DECHRISTÉ PÈRE, IMPRIMEUR BREVETÉ

RUE JEAN-DE-BOLOGNE

— 1887 —

SOUVENIR DU JUBILÉ SACERDOTAL

DE

Monsieur le Chanoine LECOCQ

Curé d'Aniche

Le Dimanche 8 Août laissera dans l'histoire de la paroisse d'Aniche un souvenir ineffaçable. Ce jour-là, en effet, M. le Chanoine Lecocq célébrait son Jubilé sacerdotal. Prêtre depuis cinquante ans et curé d'Aniche depuis trente-quatre ans, il rendait grâces à Dieu du bien qu'il lui avait été donné de faire, et les paroissiens reconnaissants s'unissaient à leur vénéré pasteur.

Dès la veille, le son des cloches avait annoncé la fête, et, à sept heures du soir, les fidèles réunis dans l'église richement ornée, offraient à M. le Curé des présents qui témoignaient de leur reconnaissance et de leur respectueuse affection. Un des Vicaires de la paroisse se fit l'interprète de tous, et au nom des habitants, pria M. le Curé d'agréer les vœux formés pour lui en ce cinquantième anniversaire. Un Salut solennel termina cette soirée.

Le lendemain de grand matin tout le monde était sur pied pour décorer les rues par lesquelles devait passer le cortège. Des nuages gris voilaient le ciel, et la pluie qui tombait depuis plusieurs heures causait à tous de vives inquiétudes, sans néanmoins arrêter les préparatifs de la fête.

Vers neuf heures, le soleil dissipe les nuages et la pluie cesse. Le ciel n'avait pas trompé la confiance des habitants d'Aniche. Le temps était même devenu splendide quand, à dix heures, le cortège quitte l'église pour se rendre à l'Hôtel-Dieu. C'est là que se trouvait M. le Curé. Il convenait que la marche triomphale partît de cet établissement bâti et entretenu par sa charité.

Monseigneur Hasley, Archevêque de Cambrai, accompagnait le vénéré jubilaire. Le bon pasteur, se dérobant aux graves et nombreuses occupations qu'impose un vaste diocèse, était venu apporter à M. le Chanoine Lecocq un précieux témoignage de sa paternelle bienveillance. Près de Monseigneur l'Archevêque se tenait Monseigneur de Lydda, puis venait M. Destombes, Vicaire-général de Cambrai, M. Sudre, Supérieur du grand Séminaire, M. Leleux, Vicaire-général d'Arras, M. le Chanoine Deroubaix, Doyen de Notre-Dame, à

.Douai. La famille de M. Lecocq était là aussi ; elle avait eu sa grande part dans ses œuvres charitables, il était juste qu'elle fût à l'honneur. Le Conseil de Fabrique et les membres de la Conférence de Saint-Vincent-de-Paul s'étaient joints au cortège.

C'est en ce moment que M. Jean-Baptiste Maroquin et Madame Mullet-Le Glay prirent la parole, au nom du Conseil municipal et des Dames patronnesses des écoles chrétiennes.

A la sortie de l'Hôtel-Dieu, M. Gustave Rombaut, avocat, allié à une honorable famille d'Aniche, s'adressant à la fois à Monseigneur l'Archevêque et à M. le Curé, prononça le discours suivant :

DISCOURS DE M. ROMBAUT

Monseigneur,

Votre Grandeur a bien voulu rehausser par sa présence cette fête de famille.

Comme leur pasteur, les paroissiens d'Aniche comprennent tout le prix de cette condescendance ; Votre Grandeur leur permettra d'y voir pour leur cher et vénérable Curé une marque de haute sympathie qui sera pour tous la plus douce joie de cette journée.

Monsieur le Curé,

Après cinquante ans d'une existence toute remplie des vertus qui sont l'apanage du sacerdoce, il vous est donné de recevoir les hommages de vos paroissiens.

Quel doux et consolant spectacle, Monsieur le Curé ! Dans les temps que nous traversons, votre cœur de père, comme vous le disiez si affectueusement et du haut de la chaire, a le bonheur de voir la joie que cette fête répand parmi ses enfants !

Dans ce concert unanime de bénédictions et de souhaits, point d'exception, pas la moindre discordance. Nous sommes tous unis pour vous dire notre bonheur, — notre amour, — notre reconnaissance.

Notre bonheur, — car le village tout entier, grands et petits, riches et pauvres, appréciant le saint prêtre qu'ils possèdent depuis trente-quatre ans, tous font en ce jour les vœux les plus ardents, pour vous conserver longtemps encore.

Notre amour, — et, comment cette vie si simple, si modeste, si pleine de bonnes œuvres ne vous aurait-elle pas attaché cette population, qui, en dépit de tout, sait apprécier ce qui est bon et généreux.

En ce jour béni, chacun dit de vous ce qu'il sait, Monsieur le Curé, et vous seul, sans doute, seriez étonné de la nomenclature de vos mérites.

Oh ! qu'il me soit permis de le dire, de l'affirmer en présence de cette foule, la vérité comme la lumière se manifeste parfois dans les circonstances où les ténèbres paraissent avoir envahi l'espace ; et pour qui connaît le pays, nous assistons à une de ces splendides et rayonnantes fêtes de la nature qui couvre de rayons étincelants la plaine, les arbres, la végétation tout à l'heure encore humide de pluie et maintenant resplendissante des mille scintillements du soleil sur la couche de rosée qui la revêt encore.

Nous voulons enfin vous prouver notre reconnaissance. Si quelqu'un, prenant, parmi ceux qui peuvent aspirer à une belle position, un jeune homme de vingt-cinq ans, lui tenait ce langage : tu vas pratiquer pendant cinquante ans, pendant toute ton existence toutes les vertus ; tu te sépareras de ta famille et n'en chercheras point d'autre ; tu te consacreras à l'éducation des enfants ; tu te devras à tous, surtout aux pauvres ; tu as un belle position de fortune, mais au lieu de t'enrichir tu t'appauvriras ; tu soutiendras de tes deniers une et même deux écoles ; tu fonderas cette œuvre charitable par excellence, un asile pour les vieillards et les malades ; en un mot, tu vas travailler pour autrui et peut-être à certains jours auras-tu l'amertume de constater qu'on n'a point pour de tels bienfaits la reconnaissance qu'ils méritent. — Cette proposition aurait beaucoup de chances pour être déclinée.

Et s'il se trouvait un homme pour l'accepter, le monde le traiterait en bienfaiteur de l'humanité.

Mais que serait-ce si cet homme était un laïc ?... — Les journaux n'auraient point assez d'éloges, la foule assez d'enthousiasme pour l'acclamer et chanter ses vertus !

Eh bien ! ce mérite, vous l'avez eu, Monsieur le Curé, et depuis cinquante ans vous accomplissez cette œuvre de bienfaisance, vous pratiquez cet oubli de soi-même que les plus sages et les plus vertueux de l'antiquité n'ont pas même soupçonné.

Simplement, mais avec la volonté résolue de l'homme qui sait où il va, vous êtes entré dans cette phalange sacrée, parmi ces prêtres que le doigt de Dieu a désignés tout spécialement pour son service et dont un grand poëte disait :

2

Quand le sillon courbe le reste,
Eux seuls travaillent de leurs mains
A l'œuvre du Père céleste,
Pour un autre prix que du pain.

Nous savons, Monsieur le Curé, que vous n'attendez pas des hommes une récompense qui ne serait pas digne de vos mérites ; et pourtant nous essayons de vous exprimer les sentiments dont nos cœurs sont remplis.

Que vous nous donniez longtemps encore le spectacle de vos vertus, Monsieur le Curé ; que, pendant de longues années encore, le père de famille nous aide de ses conseils et de ses exemples ; que notre amour soit la douce consolation de sa vieillesse ; tels sont, Monsieur le Curé, les vœux ardents, unanimes de tous vos enfants !

Monseigneur l'Archevêque et M. le Curé répondirent à ces chaleureuses et chrétiennes paroles. La foule par son attitude sympathique témoignait assez que M. Rombaut était vraiment l'interprète de tous, et montrait combien était populaire la démonstration dont le vénérable pasteur était l'objet.

C'est alors que la procession se mit en marche. Les rues étaient remarquablement décorées ; partout des mâts, des bannières, des oriflammes, des guirlandes. Douze arcs de triomphe s'élevaient entre l'hospice et l'église ; ils portaient des inscriptions choisies pour la circonstance et qui rappelaient à la fois les titres du bon Curé à l'amour et à la reconnaissance de ses paroissiens, et les sentiments de ceux-ci à l'égard du représentant de Dieu parmi eux.

La marche s'ouvrait par une cavalcade, puis venaient la Compagnie des Sapeurs-Pompiers, les enfants des écoles, les jeunes filles de la paroisse portant les nombreux bouquets offerts à M. le Curé à l'occasion de ses noces d'or. La Musique municipale apportait à la fête son concours harmonieux et faisait entendre les plus beaux morceaux de son répertoire. La foule se pressait sur le passage du cortège pour recevoir la bénédiction de Monseigneur l'Archevêque, et témoigner de son respect et de son affection pour son zélé et pieux pasteur.

A l'église, lorsque Nos Seigneurs les Evêques eurent pris place aux trônes qui leur avaient été préparés, M. le Curé monta à l'autel. Il était visiblement ému. Après cinquante ans il allait renouveler dans cette Messe jubilaire les émotions d'autrefois, et retrouver aux jours de sa verte vieillesse le Dieu qui avait réjoui les prémices de sa jeunesse sacerdotale. Que de souvenirs lui rappelait cette église bâtie, puis agrandie et ornée durant les trente-quatre années passées à Aniche! Que de fois sa parole s'est fait entendre du haut de la chaire, au saint tribunal, dans les catéchismes! Que de fois il a prié pour son troupeau dans ce sanctuaire ! Que de fois il a fait couler l'eau du saint Baptême sur le front des nouveaux-nés, appelé les bénédictions du Ciel sur les unions contractées au pied des autels, récité les dernières prières sur la dépouille mortelle de ses paroissiens ! Que de fois surtout il a fait descendre l'adorable victime et l'a implorée pour son peuple !

Après l'Evangile, le R. P. Largent, de la Congrégation de l'Oratoire, professeur à l'Institut Catholique de Paris, monta en chaire. M. le Curé d'Aniche avait été son premier maître dans des jours lointains, il était venu aujourd'hui payer une dette de reconnaissance. Nous reproduisons la touchante allocution du R. P. Largent :

DISCOURS DU R. P. AUGUSTIN LARGENT

> *Benedic anima mea Domino, et omnia quæ intra me sunt nomini sancto ejus.*
>
> Mon âme, bénis le Seigneur, et que tout ce qui est en moi bénisse le Seigneur. (Ps. CII, v. 1.)

Tout anniversaire appelle comme de lui-même ce cri de religieuse reconnaissance. Avoir vécu, dans ce monde où la mort nous menace sans cesse ; après vingt-cinq ou cinquante ans, occuper le même état, remplir les mêmes

fonctions qu'à l'aube de la jeunesse ou dans la pleine ma-
turité, c'est un bonheur rare que l'on doit à la libéralité
divine. Aussi les chrétiens se sont-ils plu toujours à faire
de certains anniversaires des fêtes religieuses. Les époux
qui, durant un quart de siècle, durant un demi-siècle,
ont partagé les mêmes devoirs, les mêmes douleurs, les
mêmes espérances, viennent, au jour anniversaire de leur
union, remercier Celui que l'expérience de la vie leur a
appris à mieux connaître, qu'ils ont trouvé fidèle dans
ses promesses, magnifique dans ses dons, et miséricor-
dieux même dans ses sévérités.

Si pour les époux chrétiens, les *noces d'argent,* les
noces d'or ont ce caractère de religieuse et aussi d'émou-
vante solennité, comme elles l'ont davantage pour le
prêtre ! Durant vingt-cinq ans, durant cinquante ans, le
prêtre a marché avec Jésus-Christ qui était non pas seulement le principal mais l'unique compagnon de sa course
terrestre ; il l'a rencontré auprès des enfants, des pauvres,
des mourants, de tous ceux sur lesquels le Sauveur pous-
sait ce cri d'une divine pitié : *Misereor super turbam* (1) ;
il l'a rencontré chaque matin dans l'intimité du sacrifice
et de la communion eucharistique ; et après un quart de
siècle, après un demi-siècle, debout encore au pied de
cet autel qui reçut ses engagements et lui donna la force
de les tenir, le prêtre peut répéter les paroles du premier
jour : je m'avancerai vers le Dieu qui réjouit ma jeunesse.
Oh ! qu'il a raison de redire le chant du psalmiste : *Mon
âme, bénis le Seigneur !* et nous tous, que nous avons
raison de le redire avec le pasteur vénéré qui célèbre le
cinquantième anniversaire de sa consécration sacerdotale
et de sa première messe ! Ce chant d'action de grâces
jaillira plus vif encore et plus joyeux de nos âmes, quand

1 *Marc.* VIII, 2.

nous aurons médité tout ce que Dieu a fait pour votre curé, tout ce qu'il a voulu accomplir par ce libre et docile instrument ; tout ce qu'il lui a donné et tout ce qu'il lui promet.

Monseigneur,

L'épiscopat est une paternité, et l'évêque est un père. A l'évêque seul appartient cette mystérieuse fécondité qui transmet le sacerdoce, qui même transmet la plénitude du sacerdoce. C'est l'évêque seul qui est pasteur dans le sens plénier du mot, et qui, sous la suprême direction du pape et dans les limites tracées par son autorité souveraine, est pasteur par l'institution divine. En venant présider à cette fête, Monseigneur, vous montrez que vous êtes pasteur et père par le cœur, comme vous l'êtes par vos fonctions augustes. Notre unanime reconnaissance apprécie un tel bienfait ; elle vous accompagnera partout et toujours ainsi que notre obéissance, car nulle part mieux que dans le diocèse de Fénelon, du cardinal Giraud et du cardinal Régnier, ne se vérifie la parole d'un des premiers témoins du Sauveur, saint Ignace d'Antioche : « Le clergé digne de Dieu est uni à son évêque comme les cordes le sont à la lyre (1). »

Vous rappellerai-je, Mes Frères, ce que Dieu a fait pour votre curé, et par quelles voies il l'a amené, d'abord au jour béni dont nous célébrons le cinquantième anniversaire ; puis, à la solennité qui nous rassemble ? Vous dirai-je dans quelle famille fortement chrétienne la Providence l'a fait naître ? Dans cet auditoire, vous êtes plusieurs qui avez connu son père ; plus d'un se rappelle

(1 *Ad Eph.* iv.

la foi antique, la touchante simplicité de ce vieillard de
quatre-vingt-onze ans qui tournait vers le pape persécuté
ses dernières pensées, lui envoyait ses dernières offrandes,
et semblait attendre pour mourir que son fils lui eût rap-
porté de Rome la bénédiction de Pie IX. Quoique le
Sauveur, par ces coups souverains qui attestent sa puissance comme sa bonté, ait choisi maintes fois pour son
service des âmes que les leçons et les exemples domes-
tiques ne semblaient pas désigner à un tel honneur,
croyez-le, M. F., ce n'est pas chose indifférente que de
trouver à son foyer de longues traditions de foi et de vertu,
de pouvoir redire avec saint Paul : *Gratias ago Deo cui
servio a progenitoribus meis*, je rends grâces au Dieu
que mes pères ont servi (1), et d'évoquer le souvenir d'une
aïeule et d'une mère pieuses (2). La grâce de Jésus-Christ
a prévenu votre pasteur ; elle l'a conduit de la maison paternelle au séminaire ; de là, dans les différentes paroisses
où l'autorité avait marqué sa place ; et partout, elle l'a
mis en mesure de se dévouer à Dieu et aux âmes.

L'écrivain sacré nous recommande de ne louer personne
durant sa vie : *Ante mortem ne laudes quemquam* (3).
Docile à cette défense trop souvent méconnue, je ne vous
ferai pas l'éloge de votre pasteur : lui-même ne le souffri-
rait pas ; mais j'ai le droit, ce me semble, de vous dire
tout ce que le Seigneur a opéré par ses mains. C'est notre
devoir comme notre honneur d'être les auxiliaires de
Dieu, *Dei enim adjutores sumus* (4); d'ailleurs, fussions-
nous chargés de mérites, sachant que l'inspiration sainte

(1) II *Tim.* i, 3.

(2) II *Tim.* i, 5. « Recordationem accipiens ejus fidei... quæ
et habitavit in avia tua Loide, et matre tua Eunice... »

3) *Eccli.* xi. 30.

4) 1 *Cor.* iii, 9.

et la force d'agir nous sont venues de Dieu, et que nos
résistances ont souvent contrarié les désirs et les volontés
d'en haut, nous n'aurions qu'à redire, selon l'ordre du
Maître : nous sommes des serviteurs inutiles, *servi inutiles sumus* (1). Nous pouvons donc, M. F., sans craindre
d'accorder rien à la vaine gloire et à l'orgueil, raconter
les œuvres que votre curé a accomplies sous la direction
et avec le secours de Dieu.

C'est à Nomain d'abord, puis à Templeuve, qu'il
exerça les fonctions de vicaire ; en 1842, il fut transféré à
La Bassée. Ce nom ravive dans mon âme des souvenirs qui
ne s'y éteindront jamais. J'étais bien jeune alors, Monsieur
le curé, mais ni mes contemporains ni moi n'avons oublié
le bien que vous nous avez fait. S'il en était besoin, mes
amis d'enfance, et, au premier rang, ce vicaire-général
d'Arras que j'aperçois auprès de vous (2) me prêteraient
le secours d'un témoignage irrécusable. Ami de mon père
et de ma mère, c'est vous qui deviez les assister dans le
suprême passage. Nos jardins se touchaient presque, et
infatigable horticulteur comme vous l'étiez — comme
vous l'êtes peut-être encore, — vous vous plaisiez à enrichir de dahlias les plates-bandes de notre jardin. Vous ne
cultiviez point que les dahlias. Vos leçons, aidées par les
soins assidus de mon père et de ma mère, m'ont initié aux
lettres latines ; vous m'avez préparé au sacrement de Con-
firmation et acheminé à la table eucharistique. Je ne sais,
M. F., si, en tenant ce langage, je vous parais trop occupé
de moi-même. Mais, grâce à cette merveilleuse ressem-
blance que la communauté des mœurs chrétiennes a
établie entre nous tous, est-ce qu'en évoquant mes souvenirs je n'évoque pas les vôtres ? Qui de nous, enfant,

---

1 *Luc.* XVII. 10.

2 M. l'abbé Charles Leleux.

n'a été l'élève d'un prêtre ; Qui de nous, dans ses souvenirs d'enfance, n'unit *la maison et l'église* (1), les tendresses maternelles et les enseignements de la foi ?

En 1846, le vicaire de La Bassée fut nommé curé d'Hantay, vert et paisible village dont les habitants ne l'ont pas oublié ; en 1852, il devenait votre pasteur. Vous savez, et ici tout déclare ce qui, depuis trente-cinq ans, s'est accompli à Aniche de grand et de fécond. L'ancienne église était modeste, et sa flèche eût mal soutenu la comparaison avec les hautes cheminées de votre ville industrieuse, noire sans doute, mais noire de cette noirceur du charbon, qui l'hiver est le soleil du foyer, et qui, sur les rails, prête au commerce, à la civilisation, à l'apostolat, des ailes puissantes. Comparez à votre ancienne église le vaste et élégant édifice qui nous rassemble, la haute flèche qui le domine ; déroulez par la pensée les pompes augustes qui consacrèrent cette église il y a douze ans — j'aperçois ici et je salue avec une affectueuse vénération l'évêque consécrateur qui nous est si cher à tous (2),—et bénissez l'inspiration généreuse qui a conçu le projet de reconstruire, l'efficace vouloir qui l'a exécuté. Ce projet, ce vouloir, nul ne les a eus à un plus haut degré que votre pasteur.

Nous sommes à une époque où on *laïcise :* ce mot trahit la pensée qu'il prétend exprimer, car le laïque n'est étranger ni à Dieu ni à l'Eglise ; le mot propre serait : on *profane.* Dans cette paroisse, on s'est arrangé pour écarter l'hypocrite laïcisation qui ailleurs, en supprimant le crucifix, en éloignant le prêtre, en barrant le chemin aux vérités et aux espérances chrétiennes, mé-

(1) C'est le titre du beau livre de M. Auguste Nisard : *La Maison et l'Eglise, souvenir d'un enfant catholique.*

(2) Mgr Mounier, évêque de Lydda.

connaît les droits les plus inviolables, les devoirs les plus
sacrés, les plus impérieux besoins de l'âme humaine. Des
écoles, fondées par votre curé, ne permettront pas à une
neutralité impie de prévaloir dans les jeunes intelligences.
Jésus-Christ y sera toujours le premier occupant. Un
hôpital, monument de la munificence de votre pasteur,
ne court pas le danger de perdre les filles de saint Vincent
de Paul qui le desservent et la croix sainte qui le protège ;
des mains fidèles sauront le conserver à sa première des-
tination.

Un presbytère est la naturelle annexe d'une église.
Le presbytère, c'est la demeure hospitalière où d'avance
on respire la paix de la maison de Dieu ; où nul visiteur,
fût-il inconnu, ne se sent étranger. Aniche a son presbytère où les amis et les pauvres, les pauvres surtout, ont
toujours été accueillis. Sur ce presbytère, des revendica-
tions sophistiques ne s'élèveront jamais ; seule, la spo-
liation violente pourrait essayer de s'en emparer. Votre
curé qui a bâti ce presbytère entend bien le laisser aux
héritiers de son apostolat.

J'ai nommé les œuvres publiques ; dussé-je pour une
fois effrayer la modestie la plus respectable et la plus touchante, j'ajouterai que votre curé n'était pas seul à
accomplir ces fondations, et qu'à ses côtés, une âme com-
plétement fraternelle y a pris une large part. Mais dans
la vie d'un prêtre, outre les œuvres qui frappent le regard,
qui sollicitent l'attention, il en est d'autres d'une impor-
tance capitale. Il y a les œuvres obscures, les œuvres
cachées : instructions du catéchisme, qui révèlent à l'enfant le Christ et l'Eglise ; pensées consolantes que l'on
suggère à l'âme troublée ; entretiens sacrés du confes-
sionnal où le pécheur renaît à la grâce sous la parole du
prêtre ; secours suprêmes que l'on porte aux mourants...
Ces œuvres, seul, le Père qui voit dans le secret « *Pater*...

qui videt in abscondito (1) », peut dire la place qu'elles ont tenue dans la vie de votre pasteur, comme seul il peut dire de quelle efficacité surnaturelle il lui a plu de les doter.

Voilà, M. F., ce que, depuis un demi-siècle, Dieu a voulu accomplir par le ministère de votre pasteur. Voilà les œuvres qui ont rempli les années lointaines, et dont nous contemplons les fruits en ce jour. Oui, votre pasteur, continuant le psaume d'actions de grâces auquel j'ai emprunté mon texte, peut s'écrier : « O mon âme, bénis le Seigneur et n'oublie point ses bienfaits, *Benedic anima mea Domino, et noli oblivisci omnes retributiones ejus.* » C'est lui qui dès ici-bas te couronne des âmes que tu t'es attachée à délivrer, « *conorat te in misericordia et miserationibus* ». C'est lui qui, parmi les inévitables épreuves de la vie présente, au milieu et au prix même des angoisses de la paternité sacerdotale, te remplit d'une joie plus forte que toutes les douleurs et plus douce que toutes les allégresses humaines, « *qui replet in bonis desiderium tuum* ». C'est lui enfin qui ravive sans cesse ton zèle et ta vigueur, et qui renouvellera ta jeunesse comme celle de l'aigle, « *renovabitur ut aquilœ juventus tua* » (2).

Mais quoi ! ne sont-elles pas venues pour votre pasteur, ces années de la vieillesse dont l'écrivain sacré a dit qu'elles ne plaisent pas, « *anni. de quibus dicas : non mihi placent* » (3)? Je ne le conteste pas, elles sont venues. Je pourrais remarquer que ces années ne pèsent pas d'un poids trop lourd sur ses épaules, et exprimer la solide espérance que Dieu ajoutera pour lui encore les

----

1 *Math.* VI, 4.

(2 *Ps.* CII. 2. 4, 5.

(3 *Eccl.* XII. 1.

années aux années. D'ailleurs, M. F., pour le chrétien et particulièrement pour le prêtre, ces années de la vieillesse qui de loin paraissent sévères, qui de près sont parfois si pesantes, ces années sont entre toutes des années fructueuses. Parvenu à ces sommets blanchis d'où la terre apparaît dans ses étroites et presque dérisoires limites, le prêtre embrasse d'un plus clair regard le temps et l'éternité ; il connaît mieux les hommes et Dieu ! il a pour celui-ci un amour affermi par les années et qui s'est constamment avivé au feu de l'autel ; pour ceux-là, il trouve dans son âme des accents d'une pitié plus pénétrante, d'une plus sûre sagesse. Le prêtre vieillard fait autant de bien que le prêtre jeune, que le prêtre mûr ; à certains égards, il en fait davantage. Il inspire plus de confiance, il possède plus d'autorité. Qu'importe qu'il parle et qu'il agisse avec plus de lenteur ? Est-ce donc l'impétuosité de notre zèle qui en fait la fécondité ? Est-ce la multitude de nos discours qui en fait la puissance ? Saint Jean, presque centenaire, redisant cette unique parole : *Mes petits enfants, aimez-vous les uns les autres* (1), exerçait-il un moins efficace apostolat qu'aux jours où les intempérantes ardeurs de sa jeunesse étaient réprimées par le Maître divin ? Et puis, le prêtre vieillard ne parle pas seulement aux hommes, il parle aussi à Dieu. Il monte à l'autel du Seigneur, il redit les paroles qui appellent le Christ eucharistique dans ce nouveau Bethléem, sur ce nouveau Calvaire. Il continue d'y être entre Dieu et les hommes le représentant du souverain Médiateur, et d'étendre aux âmes qui luttent sur la terre, à celles qui souffrent dans le Purgatoire, les bienfaits de la Rédemption.

Un jour vient, je le sais, où le prêtre monte pour la

---

1 S. Hieronym. *Comm. in Epist. ad Gal.* lib. III. cap. VI.

dernière fois à l'autel. Finir, c'est l'indéclinable loi qui pèse sur tout homme et sur toute chose. « Les cieux périront, et vous demeurez, disait à son Dieu le psalmiste, *Ipsi peribunt, tu autem permanes.* Ils vieilliront comme un vêtement ; vous les changerez comme un manteau, et ils seront changés. Vous, Seigneur, vous êtes éternellement le même, et vos années ne finiront pas... *Omnes sicut vestimentum veterascent : et sicut opertorium mutabis eos. Tu autem idem ipse es, et anni tui non deficient* (1). » Mais pensez-vous, M. F., que le jour où le prêtre descend de l'autel pour n'y plus remonter, il ait dit à cet autel et au Christ un adieu irrévocable ? Ne croyez pas que c'en soit fait pour lui des joies saintes auxquelles la messe l'avait convié, et qu'il puisse dire, dans un autre sens qu'Ezéchias menacé de mort : « Je ne verrai plus Dieu sur cette terre des vivants, *non videbo Dominum Deum in terra viventium* (2) ». Par la pensée, par le désir, le prêtre éloigné de l'autel y monte encore ; il renouvelle l'action du sacrifice ; si, incapable d'offrir la victime, il ne peut même plus aller à elle, la victime vient à lui. Cette fin, qui nous attend tous, en est à peine une pour le prêtre ; elle n'est qu'un passage. Elle ressemble à ces nuits transparentes des régions tropicales, lesquelles rejoignent à la journée qui s'éteint la journée qui va commencer : c'est de cette fin qu'il est vrai de dire avec le psalmiste que les ténèbres ne l'obscurciront pas (3), et que le soir de la vie sacerdotale aura la clarté du plus beau jour.

Vous le voyez, M. F., dans la vie de votre pasteur, le

(1) *Ps.* CI, 27, 28.

(2) *Is.* XXXVIII, 11.

(3) *Ps.* CXXXVIII, 12.

passé et le présent sont pleins des bienfaits de Dieu ; nous l'espérons, l'avenir en sera aussi tout rayonnant. Que l'action de grâces termine donc cet entretien comme elle l'a commencé ! Mais la gratitude n'a pas le droit de demeurer oisive. Si les mots l'expriment, les actes l'expriment mieux encore ; et, sans les actes, les mots valent peu de chose. Ni le psaume, d'où j'ai tiré mon texte, n'a suffi à exprimer la reconnaissance de David, ni le *Magnificat* lui-même à exprimer celle de la Mère de Dieu. Les bienfaits divins qui ont réjoui votre pasteur se sont répandus sur vous comme cette huile sacrée qui de la tête d'Aaron descendait jusque sur les franges de son vêtement, comme cette rosée de l'Hermon qui pénétrait dans ses profondeurs la montagne sainte (1). Reconnaissez de tels bienfaits en devenant plus sérieusement chrétiens que vous ne l'avez été, en reprenant la pratique du christianisme, si vous l'aviez abandonnée. Vous commencerez ainsi à payer à Dieu votre dette, et vous vous préparerez à avoir un jour votre part d'une fête plus radieuse encore, plus douce et plus durable que celle qui nous rassemble : la fête éternelle des cieux ! *Amen.*

La Messe terminée, le même cortège, qui avait accompagné M. le Curé de l'hospice à l'église, l'accompagna de l'église au presbytère. Le ciel était radieux, et la joie était sur tous les visages comme dans tous les cœurs.

(1) *Ps.* CXXXII, 2, 3.

Aussitôt qu'on fut rentré au presbytère, M. Vuillemin, directeur-administrateur de la Compagnie des Mines d'Aniche, prit la parole. Nous sommes heureux de consigner ici cette allocution qui fait honneur à la fois à celui qui l'a prononcée et à celui à qui elle était adressée :

DISCOURS DE M. VUILLEMIN

Monsieur le Curé,

Le Conseil d'administration de la Compagnie des Mines d'Aniche considère comme un devoir et tient à honneur de joindre ses félicitations et ses souhaits à ceux qui vous sont adressés en si grand nombre aujourd'hui à l'occasion de votre cinquantième année de prêtrise.

Je suis heureux, moi qui puis m'honorer de votre amitié, d'avoir été chargé par mes collègues de venir, avec nos excellents collaborateurs, vous exprimer et ces félicitations et ces souhaits, en même temps que les sentiments de respectueuse vénération et de profonde gratitude du personnel tout entier des Mines d'Aniche.

Vous avez parcouru une longue carrière en faisant le bien, et nous avons été à même, depuis trente-quatre ans que vous administrez la paroisse d'Aniche, d'apprécier les admirables qualités qui vous ont concilié l'affection de tous.

Nous avons tous été témoins de votre discrète et inépuisable bienfaisance envers les malades, les pauvres et les affligés, auxquels vous avez prodigué sans cesse non-seulement les encouragements et les consolations de la religion, mais aussi les secours matériels de toute nature, vivres, linges, vêtements, et dons d'argent. Votre nom est béni de tous ceux qui ont souffert.

Il n'est pas une œuvre de charité, de secours aux déshérités, d'encouragement au bien, à laquelle vous n'ayez apporté votre concours efficace.

Vous avez noblement consacré votre fortune d'abord à la construction d'une église, puis à la création d'un magnifique hospice pour recueillir les vieillards et les orphelins. Lorsque des circonstances déplorables sont survenues, vous y avez installé des écoles où plus de cinq cents enfants reçoivent gratuitement l'instruction et l'éducation chrétiennes que réclament leurs parents.

Cet hospice, ces écoles, c'est vous qui les soutenez seul, et vous ne reculez devant aucun sacrifice, quelque lourd qu'il soit, pour les maintenir.

Aussi, aux yeux de tous les habitants d'Aniche, comme aux yeux de tous ceux qui ont l'heureux avantage de vous connaître, vous êtes le bienfaiteur généreux et aimé de la Commune.

Les ouvriers de la Compagnie des Mines d'Aniche ont participé et continuent à participer chaque jour à vos bienfaits, et c'est à ce titre que le Conseil d'administration vous adresse ses vifs remerciements, en même temps que de chaleureuses félicitations.

Il avait pensé à vous offrir un souvenir à l'occasion de votre cinquantenaire; mais, connaissant la charité de votre cœur, il lui a paru préférable de s'associer à vos bonnes œuvres en vous priant d'accepter le don que j'ai l'honneur de vous remettre de sa part.

Puissiez-vous, Monsieur le Curé, jouir pendant de longues années du bien que vous avez fait, et de l'affection reconnaissante de tous vos obligés !

Après M. Vuillemin ; M. Richard, président du Conseil de Fabrique et M. Loubert, président de la Conférence de Saint-Vincent-de-Paul, exprimèrent avec beaucoup d'à-propos leurs sentiments de vénération et de gratitude. M. le Curé en répondant eut pour tous des paroles vraiment inspirées par le cœur.

A une heure on prenait place au banquet offert par le jubilaire. Ce fut une nouvelle occasion de lui donner de nouveaux témoignages de respect et d'affection. Monseigneur l'Archevêque de Cambrai parla le premier avec l'autorité du Pontife et la bonté du père, il félicita M. Lecocq, et lui souhaita avec des années nombreuses encore toutes les bénédictions que peut désirer le cœur d'un prêtre. M. le Doyen de Notre-Dame parla ensuite au nom du clergé du Décanat ; puis M. l'abbé Delrue au nom des anciens Vicaires. Une petite-nièce de M. le Curé récita ensuite une poésie composée pour la circonstance, expression de l'affection et de la vénération de la famille de M. le Chanoine Lecocq.

1836 - 1886

—

A notre bien cher Oncle

EN LA FÊTE DE SON JUBILÉ SACERDOTAL

SA PETITE-NIÈCE & FILLEULE MARGUERITE-MARIE

En ce beau jour , pour moi quelle entreprise
Que de chanter notre Oncle vénéré !
Des NOCES D'OR, cinquante ans de prêtrise,
Pour notre foi que c'est grand et sacré !

Ces cinquante ans n'ont été qu'une chaîne
D'actes pieux, de bienfaits répandus.
Des dons divins son âme toujours pleine
Les déversait au nom du bon Jésus.

Il faudrait dire en un chant angélique
Les mille fois qu'on le vit à l'autel,
Saint prêtre, offrir la Victime mystique
Qui, de la terre, a fait un autre Ciel.

Et dans les murs de la pieuse enceinte
Où le Pasteur réunit le troupeau,
Que de bienfaits dans la parole sainte
Qui les nourrit d'un pain toujours nouveau !

—

Entre ses mains, par un honneur suprême,
L'Eglise a mis les divins Sacrements :
Combien de fois, par l'eau du saint Baptême,
Il fit à Dieu don de nouveaux enfants !

—

Par ses doux soins, des milliers d'âmes pures
Ont pu s'asseoir au banquet du Seigneur ;
Et les pécheurs, lavés de leurs souillures,
Ont recouvré la paix et le bonheur.

—

Combien encore, au terme de la vie,
Ont vu la main qui bénit leur berceau
Les introduire en la sainte Patrie !...
Puis le Pasteur priait sur leur tombeau.

—

Disons enfin que pour toute souffrance
Le bon Curé sut trouver des trésors :
Qu'il secourut une double indigence,
En soulageant les âmes et les corps.

En sons joyeux la cloche au loin résonne ;
Votre troupeau, vos neveux, vos amis,
Viendront tresser, cher Oncle, une couronne
Par leur amour et leurs vœux réunis.

—

Merci, Dieu bon, au nom de la famille,
Pour ce soutien et si fort et si doux !
Dans tous nos yeux, lis le désir qui brille ;
Mieux que la voix il dit : « Garde-le nous ! »

Aniche aussi, pour Pasteur et pour guide,
Veut le garder longtemps, longtemps encor..
O braves gens, vivre sous son égide,
N'est-il pas vrai, pour vous c'est l'âge d'or ?

Respect, amour, reconnaissance !
C'est aujourd'hui le cri du cœur...
Et plus vive est la confiance
En présence de Monseigneur !...

Les pauvres n'avaient pas été oubliés ; une
distribution de pain et de viande permit à
tous de célébrer les noces d'or du pasteur et
fit une fois de plus bénir sa charité.

La journée se termina par les Vêpres solennelles et par une visite à l'école des Sœurs.
Les enfants vinrent à leur tour féliciter celui
qui s'était véritablement montré leur père en
leur procurant l'inappréciable bienfait d'une
éducation chrétienne. Dans un dialogue ingénieux on avait mis en scène tour à tour l'ange
des fleurs, l'ange de la paroisse d'Aniche,

l'ange du village natal de M. Lecocq, et l'ange
de l'hôpital fondé par sa générosité. Ils rap-
pelèrent ses bienfaits et implorèrent pour lui
les bénédictions célestes.

La commune avait eu pendant toute la
journée un air de fête ; un mouvement extra-
ordinaire n'avait pas cessé de régner dans les
rues ; les habitants des paroisses voisines
venus en grand nombre à Aniche avaient
encore ajouté à l'animation générale. C'était
bien la fête du pasteur, mais on voyait que
c'était en même temps la fête du troupeau.

Le lendemain Lundi, vers neuf heures,
l'église était remplie par une foule compacte
et recueillie. M. le Curé avait eu la pieuse
attention de penser à ceux qui ne sont plus,
et il célébrait un Service solennel pour tous
les paroissiens morts depuis trente-quatre
ans.

Enfin, huit jours après, en la fête de l'As-
somption de la Sainte-Vierge, le R. P. Félix,
l'illustre conférencier de Notre-Dame de Paris,
ancien condisciple de M. Lecocq, montait dans
la chaire de l'église d'Aniche, et prononçait un
magnifique discours sur le Prêtre. C'était un
éloquent écho des fêtes jubilaires.

Ainsi se sont célébrées ces touchantes et
splendides solennités dont Aniche gardera
longtemps le souvenir. Elles font honneur sans
doute au vénéré Curé qui en a été l'objet, mais

elles n'honorent pas moins les paroissiens qui ont su comprendre ce que c'est qu'un prêtre et un pasteur. Si le ministère sacerdotal a ses jours de tristesse et d'amertume, il a aussi ses heures de consolation et de joie. Que le dernier mot de ce récit soit donc celui qui doit se trouver en toutes rencontres sur les lèvres chrétiennes, un mot de reconnaissance et d'amour pour Dieu à qui appartient tout honneur et toute gloire.

Douai. — Imprimerie L. Dechristé, rue Jean-de-Bologne.

9 782329 551333